BEI GRIN MACHT SICH IHR WISSEN BEZAHLT

- Wir veröffentlichen Ihre Hausarbeit, Bachelor- und Masterarbeit

- Ihr eigenes eBook und Buch - weltweit in allen wichtigen Shops

- Verdienen Sie an jedem Verkauf

Jetzt bei www.GRIN.com hochladen und kostenlos publizieren

GRIN

Bibliografische Information der Deutschen Nationalbibliothek:

Die Deutsche Bibliothek verzeichnet diese Publikation in der Deutschen National-
bibliografie; detaillierte bibliografische Daten sind im Internet über http://dnb.d-
nb.de/ abrufbar.

Impressum:

Copyright © 2020 GRIN Verlag
Druck und Bindung: Books on Demand GmbH, Norderstedt Germany
ISBN: 9783346181015

Dieses Buch bei GRIN:

https://www.grin.com/document/583558

Patric Hillmann

ITIL als Ansatz der IT-Governance

GRIN Verlag

GRIN - Your knowledge has value

Der GRIN Verlag publiziert seit 1998 wissenschaftliche Arbeiten von Studenten, Hochschullehrern und anderen Akademikern als eBook und gedrucktes Buch. Die Verlagswebsite www.grin.com ist die ideale Plattform zur Veröffentlichung von Hausarbeiten, Abschlussarbeiten, wissenschaftlichen Aufsätzen, Dissertationen und Fachbüchern.

Besuchen Sie uns im Internet:

http://www.grin.com/

http://www.facebook.com/grincom

http://www.twitter.com/grin_com

Institut für IT-Management und Digitalisierung

Studienzentrum Düsseldorf

IT-Architekturen

Seminararbeit

Thema:

ITIL als Ansatz der IT-Governance

Wintersemester 2019

Vorgelegt von:

Patric Hillmann

Abgabedatum: 29.02.2020

Inhaltsverzeichnis

Abkürzungsverzeichnis

ITIL   Information Technology Infrastructure Library

COBIT   Control Objectives for Information and Related Technology

CMMI   Capability Maturity Model Integration

Abbildungsverzeichnis

1 Zusammenfassung

In dieser Arbeit wird untersucht, inwiefern ITIL einen Ansatz der IT-Governance darstellt. Dabei werden zunächst Arbeitsergebnisse von vorherigen wissenschaftlichen Veröffentlichungen im bestehenden Forschungsumfeld analysiert und im Kontext der eigenen Forschungsfrage kritisch betrachtet. Die gewählte Forschungsmethodik der klassischen Literaturuntersuchung hat ergeben, dass es genau fünf wissenschaftliche Arbeiten gibt, dessen Forschungsstand aktuell ist, die sich mit ITIL als Ansatz der IT-Governance auseinandersetzen. Diese Arbeit grenzt sich insofern von vorherigen Veröffentlichungen ab, als das ITIL in der neusten Version (ITIL 4) untersucht wird.

Die Ergebnisse dieser Arbeit zeigen, dass ITIL als Governance-Framework einen Ansatz der IT-Governance darstellt. Dies ist vor allem dem geschuldet, da Governance in ITIL 4 als eine der Kernfunktionen im Service-Wert-System abgebildet ist. Außerdem unterstützen 20 Managementpraktiken bei der Gestaltung der IT-Governance. Die Ergebnisse zeigen aber auch, dass ITIL lediglich den Rahmen für die Gestaltung der IT-Governance darstellen kann. Die genaue Ausgestaltung, wie eine IT-Governance im Unternehmenskontext zu integrieren ist, wird nicht behandelt.

In dieser Arbeit wird weiterhin die Bedeutung der IT-Governance im Unternehmenskontext gestärkt. Zudem werden Analyseergebnisse vorangegangener wissenschaftlicher Forschung durch einen aktuellen Analysestand verifiziert. Aus den Schlussfolgerungen der Ergebnisse wird abschließend ein Forschungsbedarf hinsichtlich der Zusammenlegung von IT-Governance und Corporate Governance ersichtlich.

2   Einleitung

Die zunehmende Wichtigkeit der IT in Unternehmensorganisationen stellt das Management stetig vor wachsende Herausforderungen. Nicht nur das Zusammenspiel zwischen IT und Business rückt näher in den Fokus der Führungsebenen (Kude et al., 2018, S. 783; Leketi & Raborife, 2019, S. 1), sondern auch die richtige Gestaltung des Ordnungsrahmens für die effektive, aber auch regelkonforme Ausübung der IT zur effizienteren Operationalisierung des eigenen Kerngeschäftes gewinnt zunehmend an Bedeutung (Johanning, 2019, S. 225; Leketi & Raborife, 2019, S. 8).

2.1   Problemstellung

Neue Gesetzesregelungen, Richtlinien und Normen führen meist dazu, dass die Effektivität, aber auch die Effizienz der Lieferleistung der IT verlangsamt wird (Weill & Ross, 2004, S. 41), was sich in einem immer schneller werdenden Wachstumsmarkt kritisch auf die Wettbewerbsfähigkeit des einzelnen Unternehmens auswirkt. Das Ziel dieser Arbeit ist es, die Wichtigkeit der IT-Governance im Unternehmenskontext zu diskutieren und zu analysieren, inwiefern ITIL Ansätze der IT-Governance beinhaltet und als Governance-Framework eingesetzt werden kann, um die Wettbewerbsfähigkeit des einzelnen Unternehmens zu sichern. Dafür wird die folgende Arbeitsthese aufgestellt, die im Rahmen dieser Arbeit untersucht wird: ITIL stellt als Governance-Framework einen Ansatz der IT-Governance dar.

2.2   Forschungsmethodik

Für die Eingrenzung des betrachteten Forschungsfeldes wird eine Literaturuntersuchung gewählt. Der Fokus der Literaturuntersuchung liegt in der Analyse, der in der Literatur erarbeiten Forschungsergebnisse mit dem Ziel, die zentralen Themen rund um den Einsatz von ITIL als Ansatz der IT-Governance inhaltlich zu erfassen und den Forschungsbedarf für die vorliegende Arbeit herauszuarbeiten. Die Literaturrecherche beinhaltet unter anderem Ergebnisse aus Quellen wie Springer Professional, Google Scholar, EBSCOhost und ausgewählten Fachzeitschriften. Auf der Basis relevanter Literaturquellen wurden zusätzlich in einer Rückwärtssuche die jeweiligen Referenzen strukturiert analysiert, um weitere relevante Primärquellen zu identifizieren. Die Literaturrecherche beschränkt sich auf englisch- und deutschsprachige Quellen.

2.3 Aufbau der Arbeit

Diese Arbeit ist klassisch wissenschaftlich aufgebaut und gliedert sich der Form halber in sieben Kapitel auf. Um dem Leser einen schnellen Überblick über die Inhalte dieser Arbeit zu ermöglichen, ist der Arbeit eine Zusammenfassung der Kernaussagen und Ergebnisse vorangestellt. Dieser folgt die Einleitung in die Arbeit, in der das Problem, die Forschungsfrage und das Vorgehen zur Beantwortung der Forschungsfrage vorgestellt wird. Nach der Einleitung folgt eine Analyse des aktuellen Forschungsstandes im Forschungsumfeld, um die Forschungsfrage in diesen Kontext einordnen zu können und eine Abgrenzung zu bereits existierenden Arbeiten zu betonen.

Das eigentliche Kernstück dieser Arbeit bildet das vierte Kapitel, die Untersuchung der Forschungsfrage. Hier werden relevante Begriffe erläutert, die Terminologie dargestellt und das Framework ITIL als Ansatz der IT-Governance analysiert. Die Ergebnisse der Untersuchung werden im Folgekapitel herausgearbeitet und verdichtet. Danach folgt eine Diskussion der erzeugten Ergebnisse, indem Schlussfolgerungen gezogen werden, das eigene Vorgehen kritisch reflektiert und ein Ausblick zum weiteren Forschungsbedarf formuliert wird. Abschließend wird ein Fazit gezogen, indem die Ergebnisse dieser Arbeit im Zusammenspiel mit den Schlussfolgerungen und dem Forschungsbedarf beleuchtet werden.

3 Aktueller Stand der Forschung

Eine umfangreiche Literaturanalyse hat ergeben, dass es zahlreiche Veröffentlichungen und öffentliche Diskussionen rund um die Gestaltung der IT-Governance gibt. Bei einer Rückwärtsanalyse in modernen Werken ist herausgekommen, dass im Besonderen hinsichtlich der Definition von IT-Governance am häufigsten auf die Meta-Literaturanalyse-Arbeit von Brown und Grant (2005) verwiesen wird, in der eine Zusammenstellung aller bis dato bestehenden Definitionen aufgeführt ist. Geht es um die inhaltliche Einordnung von IT-Governance wird vor allem auf das Buch von Weill und Ross (2004) verwiesen, welches auszugsweise häufig zitiert wird. Eine sehr umfangreiche Analyse vorheriger Arbeiten ist in dem Werk von Beetz (2014) zu finden. Diese kann als Zusammenfassung des wissenschaftlichen Standes bis zum Jahr 2014 verwendet werden. Ab 2014 ist kein vergleichbares Werk, das sich mit einer Meta-Analyse bestehender Literatur beschäftigt, existent.

Wenngleich sich in der wissenschaftlichen Literatur viel mit der theoretischen Gestaltung der IT-Governance auseinandergesetzt wird (Beetz, 2014, S. 38), gibt es vergleichsweise nur wenige moderne Arbeiten[1], die sich mit der Verwendung von IT-Governance-Frameworks beschäftigen. In Summe wurden im Rahmen der Literaturanalyse fünf relevante wissenschaftliche Arbeiten identifiziert, dessen Forschungsstand nicht älter als zwei Jahre ist. Dabei geben die Werke von Mehler-Bicher et al. (2019) und Mathase et al. (2019) einen modernen Überblick momentan verwendeter Governance-Frameworks, Pröhl und Zarnekow (2019) spezialisieren sich in die Richtung des IT-Servicemanagements und Johanning (2019) bindet dies direkt in den Kontext der IT-Strategie ein. Die Veröffentlichung von Leketi und Raborife (2019) kommt der Forschungsfrage dieser Arbeit am nächsten, da in deren Werk analysiert wird, wie COBIT & ITIL im Zusammenspiel die IT-Governance optimal unterstützen können.

Zudem wurde im Rahmen der Literaturanalyse eine Arbeit aus dem Jahr 2014 gefunden, welche inhaltlich dieselbe Forschungsfrage stellt, wie diese Arbeit. Das Werk von Iden und Eikebrokk (2014) ist zum Zeitpunkt dieser Arbeit allerdings schon sechs Jahre alt und damit nicht mehr auf dem aktuellsten Stand der Forschung, zumal in der

---

[1] Anmerkung des Autors: Unter modernen Arbeiten sind Werke zu verstehen, dessen Forschungsstand nicht älter als zwei Jahre ist, demnach nicht älter als 2018 sind.

Zwischenzeit eine neue ITIL Version erschienen ist, welche die bisher größten Veränderungen mitbringt (Kempter, 2020).

Diese Arbeit grenzt sich insofern von (Leketi & Raborife) ab, als das verstärkt der Einfluss bzw. die Ansätze von ITIL als IT-Governance-Framework untersucht und andere IT-Governance-Frameworks dem nicht gegenübergestellt werden. Die Abgrenzung zur Veröffentlichung von (Iden & Eikebrokk) erfolgt durch den Umstand, dass deren Arbeit nicht die aktuellste Version von ITIL analysiert.

4 Untersuchung

Nachdem im vorherigen Kapitel der aktuelle Forschungsstand darlegt und die Forschungsfrage in den Kontext des aktuellen Forschungsstandes eingeordnet wurde, geht es in diesem Kapitel um die konkrete Untersuchung der Forschungsfrage hinsichtlich der Bedeutung von ITIL als Ansatz der IT-Governance.

4.1 Begriffsdefinition und Terminologie

Zum besseren Verständnis der weiteren Arbeit werden in diesem Abschnitt essenzielle Begriffe definiert und erläutert. Da sich die Kultur der Informationstechnologie in einem ständigen und vor allem schnellen Wandel befindet, kann es durchaus vorkommen, dass sich die Bedeutung von Begrifflichkeiten im Laufe der Zeit verändert oder in einen anderen Kontext eingeordnet wird. Daher wird bei den kommenden Definitionen darauf geachtet, einen möglichst aktuellen Stand in der Verwendung der Begrifflichkeiten widerzuspiegeln.

4.1.1 (Corporate) Governance

So wie die IT im Allgemeinen als Organ eines Unternehmens meist dem Unternehmen selbst untergeordnet ist, sind auch die Kernfunktionen der IT, abgeleitet aus den Kernfunktionen der Unternehmung, keine neuen Begriffserschaffungen, sondern Erweiterungen bzw. Modifikationen angepasst auf den Kontext der Informationstechnologie. Daher wird zunächst die Corporate Governance näher betrachtet, bevor die Spezifikation der IT-Governance erfolgt.

Die Corporate Governance oder auch Governance in der Kurzform wird bereits seit Anfang der 90er Jahren in der wissenschaftlichen Literatur diskutiert und in verschiedensten Werken aufgegriffen und weiterentwickelt (Schwertsik, 2013, S. 19). Ursprünglich leitet sich der Begriff Governance von dem lateinischen Wort „gubernare", zu Deutsch „steuern, das Steuerruder führen" ab (Hüttmann, 2014) und bezeichnet im engeren Kontext einen „Ordnungsrahmen für die Leitung und Überwachung eines Unternehmens" (Mehler-Bicher et al., 2019, S. 29). Coporate Governance ist also nicht binnengerichtet, sondern beschäftigt sich eher mit der rechtlichen Einordnung eines Unternehmens im Kontext seines Umfeldes. Wenngleich dies vor allem für große

Unternehmen von absoluter Notwendigkeit ist, rückt die Wichtigkeit der Corporate Governance durch die zunehmende Überregulierung auch immer weiter in den Mittelpunkt von mittelgroßen bis kleinen Unternehmen (Werder, 2018).

4.1.2 IT-Governance

Die IT-Governance leitet sich unweigerlich von der Corporate Governance ab und übernimmt dadurch auch dessen Wirkungsgrad. Demnach bezeichnet IT-Governance im weiteren Sinne „den Ordnungsrahmen für Leitung, Organisation und Überwachung der IT eines Unternehmens" (Mehler-Bicher et al., 2019, S. 29). Einen besonders detaillierten historischen Verlauf, sowie eine Analyse der Begriffsentwickelung bietet die Arbeit von Beetz (2014), auf die an dieser Stelle für eine Detaildefinition verwiesen wird. Im engeren Sinne ist die IT-Governance als Aufgabe für die „Bereitstellung von Führungs- und Organisationsstrukturen sowie von Prozessen, welche die Unternehmensstrategie IT-seitig optimal unterstützen" zu verstehen (Johanning, 2019, S. 213).

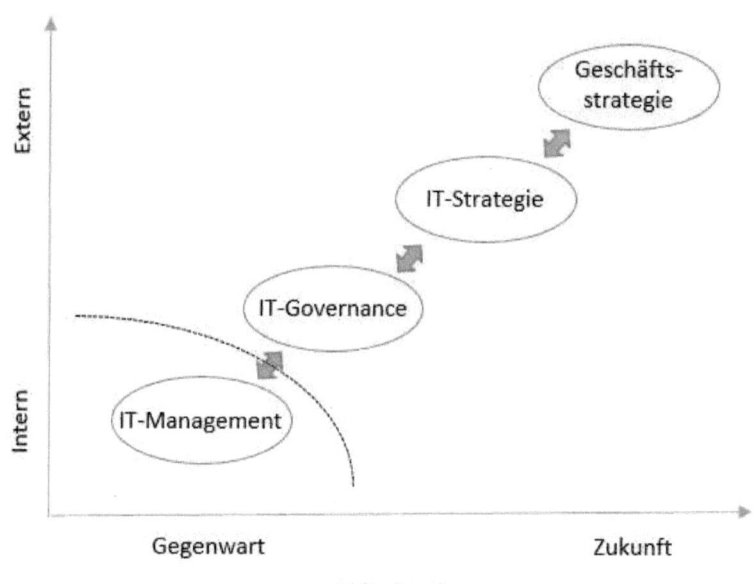

Abbildung 1: Grafische Einordnung der IT-Governance

Quelle: Eigene Darstellung in Anlehnung an (Johanning, 2019, S. 203–213)

Es geht in der IT-Governance also darum, die Rahmenbedingungen zu definieren bzw. zu schaffen, die auf der einen Seite die Werte der eigenen IT-Strategie integrieren, auf der anderen Seite aber auch den rechtlichen Ordnungsrahmen, in welchem das eigene Unternehmen tätig ist, zu berücksichtigen, mit dem Ziel eine Leitlinie für das IT-Management zu schaffen (Asprion & Knolmayer, 2020). In Abbildung 1 ist die Einordnung der IT-Governance im Zusammenspiel mit den verwandten Disziplinen Geschäftsstrategie, IT-Strategie und IT-Management dargestellt. Die Darstellung lässt erkennen, dass IT-Governance unmittelbar einen Wirkungseinfluss auf das IT-Management ausübt und selbst von der IT-Strategie beeinflusst wird (Johanning, 2019, S. 203–213).

Der Verantwortungsgrad der IT-Governance liegt nicht etwa bei dem IT-Management selbst, auch nicht bei den IT-Verantwortlichen, sondern direkt bei dem obersten Unternehmensmanagement und ist somit ein wesentlicher Bestandteil der Unternehmensführung (Knoll & Strahringer, 2018, S. 54). So soll mittels der IT-Governance vor allem sichergestellt werden, „dass die Unternehmensziele und -strategien durch den Einsatz von IT, entsprechenden Prozessen und Organisationsstrukturen unterstützt und vorangetrieben werden" (Mehler-Bicher et al., 2019, S. 29).

Somit ergeben sich für die IT-Governance in der externen Geschäftsorientierung mit internem Wirkungsgrad nach Johanning (2019, S.213) vier wesentliche Aufgabenbereiche der IT-Governance, um die IT-Compliance[2] sicherzustellen:

1. Die Gewährleistung der Sicherheit aller IT-Systeme hinsichtlich Integrität, Verfügbarkeit und Vertraulichkeit.
2. Die Schaffung von Transparenz, sowohl binnengereichtet im Unternehmen selbst als auch nach außen gerichtet, um die eigenen IT-Kosten zu überwachen, mit dem Ziel der Kostensenkung.
3. Die Erfüllung gesetzlicher Anforderungen und
4. Die revisionssichere Strukturierung der IT-Organisation sowie der Prozesse und Projekte nach allgemeinen Standards.

---

[2] „IT-Compliance beschreibt die Einhaltung gesetzlicher, unternehmensinterner und vertraglicher Regelungen im IT-Bereich. IT-Compliance berücksichtigt zusätzlich die Aspekte Controlling, Geschäftsprozesse und Management." - Mehler-Bicher et al. (2019, S. 29)

4.1.3 Governance-Frameworks

Um die Aufgabenbereiche der IT-Governance optimal abdecken zu können und vor allem die revisionssichere Strukturierung der IT-Organisation zu erreichen, haben sich über die Jahre verschiedene Normen und Standards herauserarbeitet, mittels derer die Gestaltung der IT-Governance nach bestmöglichen Ansätzen vollzogen werden kann (Rusu & Viscusi, 2017, S. 138–140). In dieser Arbeit wird aufgrund des Rahmens nur auf die Bedeutung der Standards eingegangen, die allgemeingültig als Governance-Frameworks bekannt sind (Leketi & Raborife, 2019, S. 2; Mathase et al., 2019, S. 3; Mehler-Bicher et al., 2019, S. 37).

An dieser Stelle werden der Vollständigkeit halber die aktuell gegenwertigen Governance-Frameworks benannt und kurz beschrieben. Während die ISO-Norm ISO/IEC 38500 den eigentlichen Standard der IT-Governance bildet (Rusu & Viscusi, 2017, S. 140), haben sich mittlerweile einige Referenzmodelle als De-facto-Standard in der Wirtschaft etabliert. Für eine detaillierte Darstellung aller gängigen Governance-Frameworks wird der Leser auf das Werk von Schwertsik (2013) verwiesen. Die in der Literatur am häufigsten erwähnten und somit wichtigsten Governance-Frameworks sind COBIT, CMMI und ITIL (Johanning, 2019, S. 213; Leketi & Raborife, 2019, S. 3–4; Mehler-Bicher et al., 2019, 20 ff.; Rusu & Viscusi, 2017, S. 140).

Bei COBIT (Control Objectives for Information and Related Technology) handelt es sich um ein IT-Governance-Referenzmodell, dessen Schwerpunkt auf „der Ordnungsmäßigkeit und Sicherheit von IT-Ressourcen und IT-Prozessen sowie der Sicherstellung der IT-Governance beim Betrieb der IT-Services" liegt (Mehler-Bicher et al., 2019, S. 20). CMMI (Capability Maturity Model Integration) ist ein Prozessreifegradmodell und behandelt schwerpunktmäßig die Verbesserung der organisationalen Reife eines Unternehmens durch kontinuierliche Prozessverbesserung (Mehler-Bicher et al., 2019, S. 20). Da sich diese Arbeit mit ITIL als Ansatz der IT-Governance auseinandersetzt, wird ITIL im nächsten Abschnitt gesondert und detaillierter beschrieben.

4.1.4 ITIL

Die Information Technology Infrastructure Library (ITIL) ist eine Sammlung von Best Practices zur optimalen Gestaltung des IT-Servicemanagements (Mehler-Bicher et al., 2019, S. 20). Heute gilt das Framework zumindest im Bereich des IT-Servicemanagements als der Standard und ist dementsprechend auch am weitesten verbreitet (Krishna Kaiser, 2018, S. 37). Entwickelt wurde ITIL in den 1980er-Jahren von der Central Computing and Telecommunications Agency (CCTA), dem heutigen Office of Government Commerce (OGC) (van Bon, 2008, S. 7) und gilt inzwischen international als De-facto-Standard für das IT-Servicemanagement. Nach einer aktuellen Definition der Wissenschaft erstreckt sich der Wirkungsgrad von ITIL über drei Bereiche: „The main focus areas of ITIL are service delivery, quality and support that is provided to IT stakeholders" (Leketi & Raborife, 2019, S. 6).

Seither unterliegt das Framework einer ständigen Weiterentwicklung und Anpassung an moderne Verfahren. So wurde ITIL V2 im Jahr 2000 veröffentlicht und ITIL V3 erschien 2007. Im Jahr 2011 wurden zur Version drei noch essenzielle Ergänzungen hinzugefügt, jedoch nicht eine neue Version veröffentlicht (Krishna Kaiser, 2018, S. 40). Die jüngste Veränderung erfolgte im Februar 2019 mit dem Upgrade auf ITIL 4 (Kempter, 2020). Dieses Upgrade war auch das bisher umfangreichste, da mit diesem alle neuen Trends aus den Bereichen Software-Entwicklung und IT-Betrieb seit ITIL V3 im Jahr 2007 eingeführt wurden (Kempter, 2020), und dies ist immerhin ein Zeitraum von zwölf Jahren.

Die aktuelle Version ITIL 4 ist stark an das DevOps-Modell[3] angelehnt bzw. versucht dieses optimal zu berücksichtigen (Kempter, 2020). Abbildung 2 zeigt die Veränderung von ITIL V3 zu ITIL 4. Die bedeutendste Änderung ist der Wegfall des Service Lifecycle in seiner bisherigen Form. An dessen Stelle tritt das Service-Wert-System, welches den Rahmen für alle Aktivitäten zur Bereitstellung von Kundennutzen bildet (Beims, 2019).

---

[3] „DevOps-Methoden basieren auf Techniken der agilen Softwareentwicklung und des Service Managements, indem sie eine enge Zusammenarbeit zwischen den Rollen der Softwareentwicklung und des technischen Betriebs betonen" - Axelos ltd. (2019, Position 1479)

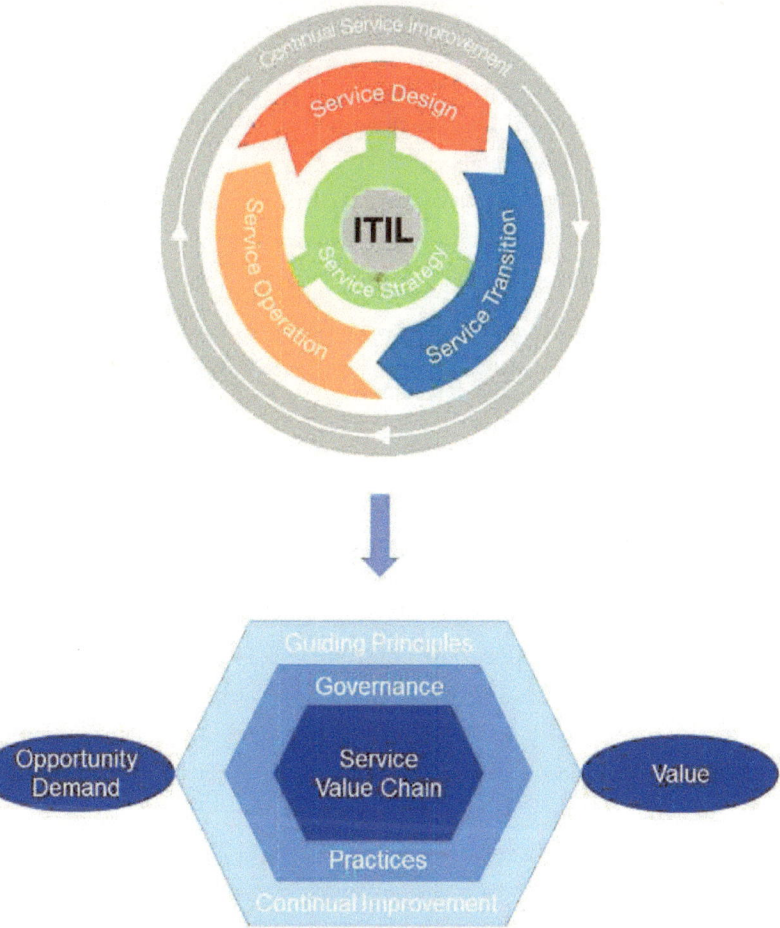

Abbildung 2: Darstellung der Veränderung von ITIL V3 zu ITIL 4

Quelle: ITSMprocesses.com. (6. Januar 2020). *ITSM Wiki - Neuerungen der ITIL® 4*.
https://www.itsmprocesses.com/Wiki/Deutsch/ITIL%204.htm

ITIL 4 ist in 34 Managementpraktiken aufgeteilt, welche Best Practise Ansätze zur
optimalen Integration enthalten. Diese Managementpraktiken werden in drei Kategorien
unterteilt und diesen zugeordnet (Kempter, 2020):

1. Allgemeine Management-Praktiken ('General management practices')

2. Service-Management-Praktiken ('Service management practices')

3. Technische Management-Praktiken ('Technical management practices')

In ITIL 4 gibt es neben den Managementpraktiken vier weitere Komponenten, die das
Service-Value-System beschreiben (Kempter, 2020):

1. Leitprinzipien ("Guiding principles")
2. Steuerung ("Governance")
3. Service-Wertschöpfungskette ("Service value chain")
4. Kontinuierliche Verbesserung ("Continual improvement")
5. *Managementpraktiken*

Gerade die zweite Kern-Komponente aus ITIL 4 Steuerung („Governance") ist für diese Arbeit interessant und wird daher im Folgenden näher betrachtet.

4.2   IT-Governance nach ITIL

Wenngleich ITIL in seiner Ursprungsform für die Gestaltung des IT-Servicemanagements entworfen wurde, kann das Framework in seiner jüngsten Version dennoch den Referenzmodellen der IT-Governance zugeordnet werden (Leketi & Raborife, 2019, S. 8). Denn ITIL stellt einen Ansatz der IT-Governance unter Servicemanagementaspekten dar und fokussiert sich auf die kontinuierliche Messung und Verbesserung der Qualität von IT-Services sowohl aus fachseitiger Perspektive als auch aus der Perspektive der IT (Beetz, 2014, S. 52). Dabei kann ITIL im Besonderen zur Unterstützung des in Abschnitt 4.1.2 dargestellten vierten Aufgabenbereichs der IT-Governance, der „revisionssichere[n] Strukturierung der IT-Organisation sowie der Prozesse und Projekte nach allgemeinen Standards" (Johanning, 2019, S. 213) eingesetzt werden. Hierzu wird die im vorherigen Abschnitt angesprochene Komponente „Governance" von ITIL 4 zugrunde gelegt. Bei der Governance-Komponente im ITIL 4-Service-Wert-System geht es um die Steuerung und Kontrolle der Organisation (YaSM Wiki, 2020).

In ITIL 4 wird Governance wie folgt interpretiert: „Jede Organisation wird von einem Leitungsorgan geleitet, d.h. einer Person oder Gruppe von Personen, die auf höchster Ebene für die Performance und Compliance in der Organisation verantwortlich ist. [...]" (Axelos ltd., 2019, Position 2040)[4]. Dieses Leitungsorgan ist demnach als Governance-Organ bzw. als IT-Governance-Organ zu verstehen. Weiter heißt es: „[...] Beim Leitungsorgan kann es sich um einen Vorstand oder umleitende Führungskräfte handeln,

---

[4] Anmerkung zur Literatur: Bei dem Buch handelt es sich um eine persönliche elektronische Version ohne Seitenangaben, daher wird bei Zitation des Buches die Textposition angegeben.

die bei der Ausübung von Governance-Aktivitäten eine gesonderte Führungsrolle übernehmen. Das Leitungsorgan ist für die Compliance der Organisation mit Richtlinien und externen Vorschriften verantwortlich." (Axelos ltd., 2019, Position 2040). Hier wird also noch einmal ganz klar betont, dass Governance eine Führungsaufgabe darstellt und vom obersten Management verantwortet bzw. ausgeübt werden muss. Zudem unterscheidet ITIL 4 nicht zwischen Corporate Governance und IT-Governance, nach ITIL 4 liegt die einheitliche Governance-Verantwortung beim Unternehmen, nicht bei der IT-Einheit. Um die Governance optimal sicherstellen zu können, sind in ITIL 4 drei Säulen beschrieben:

1. Bewerten
2. Lenken
3. Überwachen

Beim „Bewerten" geht es darum, die eigene Organisation, abgebildet durch dessen Strategie, Portfolios sowie Beziehungen zu anderen Parteien, regelmäßig zu untersuchen, analysieren und nach einem vorher festgelegten Bewertungssystem einzuordnen. Die Säule „Lenken" beschreibt die Steuerung der Managementaktivitäten hinsichtlich der operationalen Ausführung der Strategie. Die Säule „Überwachen" ist als ständiger Begleiter aller Aktivitäten (Performance, Practices, Produkte, Services) zu verstehen. Dadurch soll sichergestellt werden, dass die operationale Tätigkeit des Unternehmens den Richtlinien und der strategischen Ausrichtung des Unternehmens entspricht (Axelos ltd., 2019, Position 2040-2070).

In ITIL 4 wird im Besonderen auf die Bedeutung des Continual Improvements (zu Deutsch: stetige Weiterentwicklung) eingegangen. Diese gilt, ungeachtet dessen wie eine Organisation die eigene Governance gestaltet und wo sich diese im Service-Wert-System einordnet, auch für die Governance selbst.

Neben der eigentlichen Definition und dem Integrationsvorschlag der Governance, können auch einzelne Managementpraktiken aus ITIL 4 selbst herangezogen werden, um die IT-Governance optimal gestalten zu können. Da durch die neuste Version von ITIL keine Managementpraktiken aus der vorherigen Version (ITIL V3) entfernt wurden, wird an dieser Stelle für eine detailliertere Auflistung der relevanten Managementpraktiken für die Gestaltung der (IT)-Governance auf das eingangs dieser Arbeit erwähnte Werk von

Iden und Eikebrokk (2014) verwiesen, nach deren Analyse in ITIL 20 Practices zur Unterstützung der Governance bestehen.

4.3 Stärken und Schwächen des Governance-Ansatzes nach ITIL

Der Einsatz von Governance-Frameworks hat sich in der freien Wirtschaft als positiv erwiesen, da zum einen das Unternehmen revisionssicher aufgestellt ist und zum anderen Kosten eingespart werden können. Es ist vom höchsten Management eines jenen Unternehmens lediglich zu entscheiden, welches Governance-Framework im Unternehmenskontext angewandt werden soll (Kude et al., 2018, S. 785–787).

Die konkrete Verwendung von ITIL als IT-Governance-Framework birgt verschiedene Stärken und Schwächen, die an dieser Stelle aufgezeigt werden. Positiv zu betonen ist, dass Governance in der jüngsten Version von ITIL eine Kernkomponente und somit ein fester Bestandteil des Service-Wert-Systems ist (Axelos ltd., 2019, Position 2040). Wie im vorherigen Abschnitt erläutert bietet ITIL eine umfangreiche Definition zum Verständnis der Governance. Zudem unterstützen 20 Best Practises bei der erfolgreichen Ausübung der Governance-Funktion (Iden & Eikebrokk, 2014, S. 37–40). Nach der Arbeit von Leketi und Raborife (2019) ist ITIL, meist auch im Zusammenspiel mit COBIT, das am meisten verbreitete Governance-Framework. Dies zeigt, dass viele Organisationen ITIL bereits als Governance-Framework eingestuft haben.

Auf der anderen Seite gibt es negative Aspekte, die bei der Überlegung die eigene IT-Governance nach ITIL aufzubauen berücksichtigt werden müssen. Konkrete Kritik an der Verwendung von ITIL als Governance-Framework übt Johanning (2019) aus. Es ist vor allem zu beachten, dass es sich bei ITIL um eine Sammlung von Best Practices handelt (Johanning, 2019, S. 209). Auch wenn sich diese Practises bei vielen bewährt haben, kann nicht darauf geschlossen werden, dass dies auch für die Allgemeinheit zutrifft. Weiterhin ist der Umfang von ITIL zu berücksichtigen. Die Gestaltung der IT-Governance nach ITIL ist nicht trivial, sondern bedarf, bezüglich der Integration in die bestehenden Abläufe eines Unternehmens, eines hohen kapazitativen Aufwands (Leketi & Raborife, 2019, S. 9). Zudem fokussiert sich ITIL nur auf die Beschreibung, was getan werden sollte, die genaue Umsetzung wird nur unzureichend betrachtet (Johanning, 2019, S. 209).

5   Ergebnis

Die Zusammentragungen und Analysen aus Kapitel 4 lassen erkennen, dass ITIL einen Ansatz der IT-Governance im herkömmlichen Sinne darstellt. Da in der neusten ITIL Version (ITIL 4) jedoch nicht mehr zwischen Corporate Governance und IT-Governance unterschieden, sondern nur noch der einheitliche Begriff Governance verwendet wird, müsste die These dieser Arbeit leicht abgeändert werden, entsprechend „ITIL stellt einen Ansatz der Governance dar", ohne die Spezialisierung nach Informationstechnologie. Demnach ist die Arbeitsthese mit den Ergebnissen dieser Arbeit zu verifizieren.

Es ist jedoch zu berücksichtigen, dass ITIL 4 durch den großen Umfang ein Unternehmen vor kapazitative Herausforderungen stellen kann. Daher ist von der höchsten Managementebene eines jenen Unternehmens abzuwägen, ob die durch die Einführung von ITIL-Ansätzen entstehende Kostenersparnis langfristig höher ist, als der zu investierende Aufwand in die Integration des Governance-Frameworks.

Die Analysen bestätigen ebenfalls die Bedeutung der IT-Governance im herkömmlichen Sinne im Unternehmenskontext und zeigen, dass sich IT-Governance mittlerweile als Kernfunktion im höchsten Management etabliert hat.

6 Diskussion

Ziel dieser Arbeit war es zu analysieren, inwiefern sich ITIL als Ansatz der IT-Governance eignet. Dazu wurde die Arbeitshypothese aufgestellt, dass ITIL als Governance-Framework einen Ansatz der IT-Governance darstellt. In diesem Kapitel werden aus den erzeugten Ergebnissen Schlussfolgerungen gezogen, das eigene Vorgehen rückblickend kritisch betrachtet und ein Ausblick bezüglich des Forschungsbedarfes im Forschungsumfeld gegeben.

6.1 Schlussfolgerungen

Die Ergebnisdarstellung aus Kapitel 5 zeigt, dass sich ITIL auch in der neusten Version als Ansatz der IT-Governance einsetzen lässt. Damit bestätigen sich auch die Analyseergebnisse von Kude et al. (2018) und Leketi und Raborife (2019), die gesondert voneinander die besondere Rolle von unter anderem ITIL in der IT-Governance analysierten. Es kann außerdem bestätigt werden, dass ITIL nicht nur ein Framework des IT-Servicemanagements ist, sondern auch als Governance-Framework betrachtet werden kann.

Die Untersuchung dieser Arbeit lässt ebenfalls darauf schließen, dass die Relevanz der IT-Governance in der heutigen Zeit stärker denn je ist und sich in der freien Wirtschaft bereits als Kernfunktion des höchsten Managements etabliert hat, direkt neben der Funktion Corporate Governance (siehe Abschnitte 4.1.2 und 4.1.3).

Die Ansätze der neusten ITIL Version lassen allerdings auch erkennen, dass Forschungsbedarf hinsichtlich der Zusammenlegung von IT-Governance und Corporate-Governance besteht, um die Vereinheitlichung beider Disziplinen in der freien Wirtschaft zu verifizieren.

6.2 Reflexion des eigenen Vorgehens

Rückblickend hätte die Literaturrecherche zur Eingrenzung des Forschungsstandes von Anfang an anders ausgerichtet sein müssen. So hätte sich die Analyse der Literatur nicht nur auf IT-Governance im Zusammenspiel mit ITIL konzentrieren sollen, sondern auch Governance als übergeordnete Disziplin im Zusammenspiel mit ITIL berücksichtigen müssen. Diese Erkenntnis kam allerdings erst im Laufe der Erstellung dieser Arbeit.

Weiterhin hätte eine kategorisch sortierende Künstliche Intelligenz die strukturierte Analyse der Literatur erleichtert, wodurch die Genauigkeit dieser Arbeit verbessert würde.

6.3   Forschungsbedarf

Die Ergebnisse dieser Arbeit zeigen nicht nur, dass ITIL einen Ansatz der IT-Governance darstellt, sondern auch, dass in diesem Forschungsumfeld ein Forschungsbedarf besteht. So müsste verifiziert werden, ob sich der Ansatz von ITIL IT-Governance und Corporate-Governance zu einer Disziplin zusammenzuführen in der freien Wirtschaft verifizieren lässt.

Ebenfalls interessant wäre die Frage hinsichtlich der Relevanz von ITIL als IT-Governance-Framework im Vergleich zu den in dieser Arbeit kurz angesprochenen anderen IT-Governance-Frameworks COBIT oder CMMI unter Berücksichtigung der neusten Version aller Frameworks. In diesem Kontext könnte auch analysiert werden, inwieweit sich der gleichzeitige Einsatz mehrerer IT-Governance-Frameworks in einem Unternehmen realisieren lässt und ob dies einen Mehrwert für die Revisionssicherheit erzeugt.

7   Fazit

Die Bedeutung der IT-Governance ist im heutigen Unternehmenskontext stärker denn je und hat sich bereits als Disziplin des höchsten Managements verankert. Dies unterstreichen auch verschiedenste Veröffentlichungen vorheriger Arbeiten im Forschungsumfeld (Kude et al., 2018; Leketi & Raborife, 2019; Mathase et al., 2019; Pröhl & Zarnekow, 2019). Um den Erfolg der IT im eigenen Unternehmen zu garantieren, ist es unausweichlich IT-Governance-Frameworks einzusetzen, die eine Leitlinie für die Ausführung der IT-Governance bieten. Wenngleich ITIL in der Ursprungsform für das IT-Servicemanagement entworfen wurde, ist mit den Ergebnissen dieser Arbeit bestätigt, dass ITIL ebenfalls einen Ansatz der IT-Governance darstellt und somit als IT-Governance-Framework eingesetzt werden kann. Die Schlussfolgerungen aus den Ergebnissen dieser Arbeiten lassen zudem erkennen, dass in dem analysierten Forschungsumfeld erweiterter Forschungsbedarf besteht, um einzelne Ergebnisse dieser Arbeit zu verifizieren.

Literaturverzeichnis

Asprion, P. M. & Knolmayer, G. (25. Februar 2020). *IT-Governance — Enzyklopaedie der Wirtschaftsinformatik*. https://www.enzyklopaedie-der-wirtschaftsinformatik.de/wi-enzyklopaedie/lexikon/daten-wissen/Grundlagen-der-Informationsversorgung/IT-Governance/index.html, Zuletzt geprüft am 27.02.2020

Axelos ltd. (2019). *ITIL Foundation - ITIL 4 Edition (GERMAN EDITION)*. TSO.

Beetz, K. R. (2014). *Wirkung von IT-Governance auf IT-Komplexität in Unternehmen: Beeinflussung der IT-Redundanz durch Verantwortungsteilung im IT-Projektportfoliomanagement*. Zugl.: Göttingen, Univ., Diss., 2013. Springer Gabler. https://doi.org/10.1007/978-3-658-05825-8

Beims, M. (18. April 2019). Neue Version gibt Antworten auf die digitale Herausforderung. *Computerwoche*. https://www.computerwoche.de/a/neue-version-gibt-antworten-auf-die-digitale-herausforderung,3546914, Zuletzt geprüft am 27.02.2020

Brown, A. E. & Grant, G. G. (2005). Framing the Frameworks: A Review of IT Governance Research. *Communications of the Association for Information Systems, 15*. https://doi.org/10.17705/1CAIS.01538

Hüttmann, M. G. (2014). *Governance | bpb*. Bundeszentrale für politische Bildung. https://www.bpb.de/nachschlagen/lexika/das-europalexikon/177023/governance, Zuletzt geprüft am 27.02.2020

Iden, J. & Eikebrokk, T. R. (2014). Using the ITIL Process Reference Model for Realizing IT Governance: An Empirical Investigation. *Information Systems Management, 31* (1), 37–58. https://doi.org/10.1080/10580530.2014.854089

ITSMprocesses.com. (6. Januar 2020). *ITSM Wiki - Neuerungen der ITIL® 4*. https://www.itsmprocesses.com/Wiki/Deutsch/ITIL%204.htm, Zuletzt geprüft am 27.02.2020

Johanning, V. (2019). *IT-Strategie: Die IT für die digitale Transformation in der Industrie fit machen* (2nd ed. 2019). https://doi.org/10.1007/978-3-658-26490-1

Kempter, S. (26. Januar 2020). *ITIL 4 | IT Process Wiki*. https://wiki.de.it-processmaps.com/index.php/ITIL_4, Zuletzt geprüft am 27.02.2020

Knoll, M. & Strahringer, S. (2018). *IT-GRC-Management - Governance, Risk und Compliance: Grundlagen und Anwendungen*. Edition HMD Ser. Vieweg.

Krishna Kaiser, A. (2018). *Reinventing ITIL® in the Age of DevOps: Innovative Techniques to Make Processes Agile and Relevant*. Apress. https://doi.org/10.1007/978-1-4842-3976-6

Kude, T., Lazic, M., Heinzl, A. & Neff, A. (2018). Achieving IT-based synergies through regulation-oriented and consensus-oriented IT governance capabilities. *Information Systems Journal, 28* (5), 765–795. https://doi.org/10.1111/isj.12159

Leketi, M. & Raborife, M. (2019). IT Governance Frameworks and their Impact on Strategic Alignment in the South African Banking Industry. In *2019 IST-Africa Week Conference (IST-Africa)* (S. 1–9). IEEE. https://doi.org/10.23919/ISTAFRICA.2019.8764872

Mathase, E., Phahlane, D. M. & Ochara, P. N. M. (2019). Review of IT Governance Frameworks Implementation in the Context of the South African Public Sector. In N. M. Ochara, J. N. Odhiambo & T. Iyamu (Hg.), *2019 Open Innovations Conference: Dates: 2 - 4 October 2019, venue: Cape Peninsula University of Technology (CPUT), Cape Town, South Africa* (S. 351–355). IEEE. https://doi.org/10.1109/OI.2019.8908178

Mehler-Bicher, A., Mehler, F. & Kuntze, N. (2019). *Wirtschaftsinformatik Klipp und Klar* (1. Aufl.). *WiWi klipp & klar*. https://doi.org/10.1007/978-3-658-26494-9

Pröhl, T. & Zarnekow, R. (2019). Die kurze Geschichte des IT-Servicemanagement: Themen und Fragestellungen im Wandel der Zeit. *HMD Praxis der Wirtschaftsinformatik, 56* (2), 277–288. https://doi.org/10.1365/s40702-019-00497-7

Rusu, L. & Viscusi, G. (Hg.). (2017). *Integrated Series in Information Systems: Bd. 38. Information technology governance in public organizations: Theory and practice*. Springer.

Schwertsik, A. R. (2013). *IT-Governance als Teil der organisationalen Governance: Ausgestaltung der IT-Entscheidungsrechte am Beispiel der öffentlichen Verwaltung*.

Zugl.: München, Techn. Univ., Diss., 2012. *Springer Gabler Research.* Springer Gabler.

Van Bon, J. (2008). *Service strategy basierend auf ITIL V3: Ein Management guide* (1. Aufl.). *Best Practice.* Van Haren Publ.

Weill, P. & Ross, J. W. (2004). *IT governance: How top performers manage IT decision rights for superior results* ([Nachdr.]). Harvard Business School Press.

Werder, A. v. (27. November 2018). Definition: Corporate Governance. *Springer Fachmedien Wiesbaden GmbH,* 2018. https://wirtschaftslexikon.gabler.de/definition/corporate-governance-28617, Zuletzt geprüft am 27.02.2020

YaSM Wiki. (26. Februar 2020). *YaSM und ITIL® | YaSM Wiki.* https://yasm.com/wiki/de/index.php/YaSM_und_ITIL, Zuletzt geprüft am 27.02.2020